Pferdesprache für Kinder
Pferdeflüstern leicht gemacht

Andrea und Markus Eschbach

Mit Bildern von Horst Streitferdt

KOSMOS

Inhaltsverzeichnis

 Das Geheimnis der Pferdesprache 4

 Tempo und Stopp 20

 Was tun Pferde den ganzen Tag? 6

 Bestätigung und Richtungswechsel 22

 Spielregeln in der Pferdeherde 8

 Folge mir! 24

 Die Sinne der Pferde 10

 Pferdesprache jeden Tag 26

 Pferdesprache 12

 Das liegt uns am Herzen 28

 Pferde und Menschen 14

 Auf Wiedersehen! 29

 So wird dein Pferd dein Freund 16

 Stichwortregister 30

 Pferdesprache – so geht's los 18

Hallo!

Wir heißen Andrea und Markus, und wir sind Pferdetrainer.
Als absolut begeisterte Pferdefans haben wir unser Hobby zum Beruf gemacht! Magst du Pferde auch so gern? Wenn du möchtest, können wir zusammen eine kleine Reise ins Land der Pferde unternehmen. Wir zeigen dir, wie du die Sprache der Pferde verstehen lernst und – noch besser – sogar, wie sie *dich* leichter verstehen können. Wir sind deine Reiseführer – komm mit ins fremde Land der Pferde.
Mit Pferden zu sprechen klingt wie eine Geschichte aus fernen Ländern, wie Märchen und Magie. Mit unserer Hilfe wird es aber bald Wirklichkeit, und du lernst, dich mit deinem Pferd zu verständigen wie mit einem Freund!

Nun wünschen wir dir viel Vergnügen beim Lesen und freuen uns, wenn du auf deiner Reise viel Spannendes erlebst!

Deine Andrea und Dein Markus

Das Geheimnis der Pferdesprache

Pferdeflüstern heißt nicht, dass wir Menschen unseren Pferden wirklich etwas zuflüstern, wie zum Beispiel ein Zauberwort, woraufhin das Pferd immer alles tut, was wir von ihm möchten. Ein Pferdeflüsterer ist ein Mensch, der sich mit fast unsichtbaren Zeichen mit den Pferden verständigt und sie wie von Zauberhand lenken kann. Ohne Ziehen und Zerren am Zügel, ohne Sporen und Peitsche. Und das Beste ist: Jeder kann die Pferdesprache lernen!

Pferdesprache

Pferde verständigen sich untereinander durch sehr feine, oft fast unsichtbare Signale. Es sind kleine Bewegungen mit ihrem Körper oder Teilen ihres Körpers wie den Ohren oder dem Schweif. Sie sprechen weniger mit hörbaren Lauten, sondern viel mehr über die Körpersprache.

Wenn du weißt, was diese kleinen Zeichen bedeuten, kannst du sie ebenfalls nutzen, um mit deinem Pferd zu sprechen. Ein Pferdeflüsterer wendet diese Signale an, wenn er es mit einem Pferd zu tun hat.

Das Pferd folgt dir, wenn du die Pferdesprache sprichst.

Genau darum geht es in diesem Buch: Damit dein Pferd am einfachsten verstehen kann, was du ihm sagen willst und was du von ihm möchtest, lohnt es sich, die **Pferdesprache** zu lernen! Du wirst sehen, es ist gar nicht so schwierig, bis dein Pferd dich versteht. Und mit unserer Hilfe werdet ihr euch bald auch „unterhalten" können!

ANDREAS TIPP

Ein Test unter Pferden, mit dem die Führungsqualität bewertet wird, kann so aussehen: Ein Pferd nähert sich unauffällig dem Chef. Wenn es sich um einen guten, aufmerksamen Chef handelt, wird dieser frühzeitig signalisieren, dass er die Annäherung des anderen Tieres bemerkt. Er wird dafür sorgen, dass es einen respektvollen Abstand einhält.
Genau die gleichen spielerischen Tests machen die Pferde mit uns. Beweisen wir dem Pferd jedes Mal, dass wir der beste Chef auf der Erde sind, wird uns das Pferd respektieren und uns vertrauen.

Was tun Pferde den ganzen Tag?

Die *Pferdesprache* lernst du am besten, wenn du den Pferden einfach mal zuschaust. Was tun sie, wenn sie zusammen auf der Weide sind? Wer frisst? Wer spielt mit wem? Wie fordern sie einander zum Spielen auf? Wie sieht der Pferdealltag aus?

Pferde sind *Weidetiere*, sie fressen am liebsten Gräser, Kräuter und Blätter. Sie leben meist in offenen Steppengebieten.

Pferde sind mit ihren langen Beinen ausgezeichnete *Läufer*. Wenn sie sich vor etwas fürchten, laufen sie weg. Man nennt sie deshalb auch *Fluchttiere*. Ein hungriger Löwe hat so das Nachsehen!

Pferde leben am liebsten mit anderen Pferden zusammen, man nennt eine solche Gruppe *Herde*. Pferde fühlen sich so sicher und geborgen.

Diese Pferde grasen und zeigen dir mit ihrer entspannten Körperhaltung, dass sie sich wohl und sicher fühlen.

Gegenseitiges *Fellkraulen* festigt den Kontakt in der Herde, und Freundschaften werden so gepflegt.

Wer ist der Stärkste im ganzen Land? Diese Fohlen haben so richtig Spaß beim Raufen und Spielen.

Bitte nicht stören, ich mache Pause! Oft dösen Pferde gemütlich im Stehen, so sind sie bei Gefahr schneller auf den Beinen. Fohlen legen sich gern auch mitten auf der Weide zum Schlafen hin: Sie wissen, dass ihre Mutter auf sie aufpasst!

MARKUS TIPP Beobachte mal, was dein Lieblingspferd den ganzen Tag macht. Nimm ein Notizbuch mit und notiere dir, wie der Stundenplan einer Pferdeherde aussieht.

Spielregeln in der Pferdeherde

Eine Herde besteht aus vielen einzelnen Tieren, die alle als Einheit zusammengehören. Damit eine große Gruppe harmoniert, muss jedes einzelne Tier genau wissen, was seine Aufgabe ist. Unter den Pferden gibt es ein Ordnungssystem, eine *Rangordnung*, in der jedes Pferd seinen Platz hat.

Die Herde wird von einer *Leitstute* angeführt. Die Leitstute passt Tag und Nacht auf, ob ein gefährliches Raubtier in die Nähe kommt. Bei Gefahr signalisiert sie der Herde zu fliehen. Eine Herde ist in ihren Gedanken und Gefühlen immer miteinander verbunden. So, wie du auf deine Freunde achtest, konzentrieren sie sich auf die Leitstute. Sie führt die Herde zu sicheren Weideplätzen, Wasserstellen und Rastplätzen.

Die Leitstute hat am meisten zu sagen: Sie fordert von den andern Pferden *Gehorsam* und *Respekt*. Sie darf zuerst fressen und an einer Wasserstelle zuerst trinken. Ist ein anderes Pferd bereits am Futterplatz, schickt sie es weg. Zur Leitstute wird, wer klug, fürsorglich und bestimmend ist.

Die Leitstute muss dafür sorgen, dass alle Mitglieder der Herde beisammenbleiben und es der Herde gut geht.

Jedes Pferd weiß genau, welche Position es in der Herde hat. Das zeigen sie durch einen bestimmten Abstand und Winkel, in dem sie zueinander stehen. Ein rangniederes Pferd muss zur Leitstute einen größeren Abstand wahren als zum Beispiel der stellvertretende Chef.

Ordnung in der Herde

Das *ranghöchste Tier*, die Leitstute oder Alphatier genannt, hat am meisten zu sagen, aber auch die verantwortungsvolle Aufgabe, für das Überleben der ganzen Herde sorgen zu müssen. Das ist ganz schön viel Arbeit und braucht viel Erfahrung! Die *rangniederen* Tiere haben ebenfalls eine wichtige Aufgabe: Sie müssen ohne Fragen sofort befolgen, was das Alphatier sagt. Das werden sie aber nur tun, wenn sie absolut sicher sind, dass die Herdenchefin wirklich für sie sorgt und sie ihr vertrauen können. Deshalb ist eine andere wichtige Aufgabe das dauernde Testen. Die Herdenmitglieder wollen immer wissen, wie gut die Chefin wirklich ist.

Testen sichert die Qualität

Wenn du mit Pferden zusammen bist, wirst du merken, dass sie dich genauso immerzu testen! Sie wollen nämlich wissen, ob sie sich wohl und sicher fühlen können, wenn du da bist!

Gefahr!

Wenn den Pferden Gefahr droht, durch ein anschleichendes Raubtier zum Beispiel, dann müssen sie möglichst schnell weglaufen. Damit sich die Tiere so rasch wie möglich in Sicherheit bringen können, machen sie das ganz geordnet: einer hinter dem anderen, der Ranghöchste geht voraus, und zum Schluss folgt das rangniedrigste Tier. So organisiert geht es besser als in wildem Chaos!

Unsere Hauspferde müssen sich zwar heute nicht mehr vor Löwen und Pumas in Sicherheit bringen, aber der Instinkt, der innere Drang, bei Gefahr zu flüchten, ist auch bei unseren zahmen Pferden noch vorhanden. Die Natur hat sie mit diesem Verhalten ausgerüstet, damit sie die besten *Überlebenschancen* haben.

ANDREAS TIPP Mach dir eine Liste von Dingen oder Eigenschaften, die dir bei einem guten Freund wichtig sind. Warum ist er *der* beste Freund? Was macht *dich* zu einem guten Freund für andere?

Die Sinne der Pferde

Pferde sind sehr *feinfühlige Lebewesen*. Ihre Körpersinne sind empfindlicher als unsere eigenen. Die Pferde erkunden ihre Umwelt durch sehen, hören, riechen, schmecken und tasten schneller, früher und sensibler als wir Menschen. In der freien Natur müssen sie als mögliche Beutetiere frühzeitig merken, wenn Gefahr droht. Dabei helfen ihnen ihre geschärften Sinne.

Ohren

Die Ohren stehen bei Pferden deutlich hervor und sind sehr beweglich. So können die Pferde rundherum lauschen und hören, wenn sich ein Raubtier der Herde nähert. Die Ohren zeigen auch an, in welcher Stimmung das Pferd ist.

Augen

Pferde haben große, leicht vorstehende Augen, um ihre Umgebung möglichst gut zu überblicken. Die Augen sitzen seitlich am Kopf: Dadurch ist ihr Gesichtsfeld viel größer. Das heißt, sie können in einem viel größeren Bereich sehen, was um sie herum geschieht, als wir Menschen. So können sie ein heranschleichendes Raubtier früh bemerken und rechtzeitig fliehen. Sogar ohne den Kopf zu wenden, sind sie fähig, eine kleine Bewegung hinter ihrem Rücken wahrzunehmen.

Haut und Fell

Pferde sind sehr sensible Tiere: Sie spüren sogar, wenn sich eine Fliege auf ihr Fell setzt.

Nüstern und Tasthaare

Die Nasenlöcher der Pferde heißen Nüstern. Ihr Geruchssinn ist gut ausgeprägt: um Gerüche besser aufzufangen, können sie die Nüstern blähen. Fremde Pferde beschnuppern sich gegenseitig, um herauszufinden, ob sie sich mögen: „Ich kann ihn riechen!" Die Pferde haben im Gesicht feine Tasthaare, damit können sie besonders fein fühlen. Wenn sie grasen, können sie leicht spüren, wie der Boden um ihr Maul herum beschaffen ist oder ob vielleicht eine Biene auf ihrem Futter sitzt.

Maul und Zunge

Beim Grasen und Futteraufnehmen müssen die Pferde gut unterscheiden können, was fressbar ist und was nicht. Sie können kleine Steinchen problemlos von einem Getreidekorn unterscheiden, ohne hinzuschauen.

Wenn Pferde besonders intensive Gerüche riechen, flehmen sie. Das sieht ein bisschen aus, als ob sie lachen würden.

Die Zunge hilft ihnen dabei, den Geschmack von süßen Gräsern oder würzigen Kräutern zu erkennen.

Pferdesprache

Um die Pferdesprache zu verstehen, musst du vor allem scharf beobachten: Welche „Worte" benutzen die Pferde? Wie und womit verständigen sie sich untereinander? Was bedeuten die einzelnen „Worte"?
Du wirst schnell bemerken: Pferde sprechen die *Körpersprache*! Um dich mit ihnen richtig unterhalten zu können, hilft dir unser kleiner Pferdesprachkurs: so lernst du die Pferde-Worte verstehen und sprechen.

Das Pferdewörterbuch

Oh, wie lecker, es gibt was zu essen!

Ich gähne.

Ich ruhe.

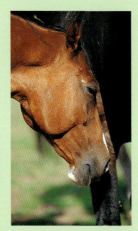

Ich bin müde.

Ich mag das nicht tun.

Darf ich näher kommen?

Ich will hier weg!

Hallo, wer bist du?

Ich mag dich.

Ich mag dich nicht, geh weg! Komm mir nicht zu nahe, oder du wirst es bereuen! Ich warne dich!

Bitte mehr kraulen!

Noch einen Schritt näher und ich beiß dich.

Pferde haben *Gefühle*. Sie zeigen dir durch ihre *Körpersprache*, was sie fühlen. Pferde können sich auch mit ihrer *Stimme* bemerkbar machen: Sie können laut **wiehern**. So rufen oder begrüßen sie ihre Freunde. Wenn sie leise wiehern, dann freuen sie sich. Wenn Pferde sich entspannen, atmen sie schnell durch die Nüstern aus. Dies nennt man **abschnauben**. Ist das Pferd aufgeregt oder hat es Staub in den Nüstern, kann es mehrmals hintereinander heftig schnauben.

MARKUS TIPP

Wir können mit den Händen, Armen, Beinen, Füßen, der Atmung, der Stimme und auch mit unserer Mimik kommunizieren. Fast jede Kommunikation, sei es zwischen Mensch und Mensch oder zwischen Mensch und Tier, ist ohne Worte.

Das gefällt mir nun gar nicht!

Frei sein ist herrlich!

Pferde und Menschen

Pferde sind große und sehr starke Lebewesen. Im Vergleich zu ihnen sind wir Menschen klein und schwach. Mit keinem Zaumzeug oder Strick, mit keiner Peitsche oder Kette können wir diese Kraftpakete im Ernstfall kontrollieren. Sie uns gefügig zu machen, geht schon gar nicht mit Gewalt. Das Pferd wird sich als Fluchttier schnell bedrängt und bedroht fühlen und darauf reagieren, wie es von Natur aus gemacht ist: mit Weglaufen. Ist das nicht möglich, weil das Pferd vielleicht angebunden ist, wird es sich in Panik heftig zur Wehr setzen und zum Beispiel treten, beißen, steigen oder buckeln. Dies kann für uns kleine, schwache Menschen sehr gefährlich sein!

So sieht dich dein Pferd

Wir Menschen gehören zur Kategorie *Raubtiere*, einfach schon, weil wir wie sie *aussehen*. Unser Körper sieht in vielen Dingen dem eines Pumas oder Grizzlybären ähnlich.

Unsere Augen sind beide vorne im Gesicht.

Unsere Ohren sind eher klein und anliegend.

Unsere Hände und Finger sehen wie Krallen aus.

Oft werden Pferde mit „Raubtiergriff" geführt: Die Hand hält das Seil ganz kurz unter dem Kinn. Führe dein Pferd lieber mit großem Abstand und langem Führstrick, halte das Seil locker in den Händen. Auch beim Aufhalftern benehmen wir uns wie Beutegreifer und wundern uns über die Widersetzlichkeit des Pferdes: Wir greifen nach der Nase und dem hochsensiblen Kopf des Pferdes und halten ihn fest, damit er ja nicht entwischt – für die Pferde wieder ein Beweis, dass wir Raubtiere sein müssen.

ANDREAS TIPP

Probier einmal aus, deinem Pferd das Zaumzeug anzulegen, ohne es mit den Händen festzuhalten. Gar nicht so leicht, oder?

Wenn wir mit Pferden zusammen sind, muss unsere erste Aufgabe sein, dem Pferd klarzumachen, dass wir nicht gefährlich sind und es keine Angst vor uns zu haben braucht.
Das tun wir, indem wir uns so wenig wie möglich raubtierähnlich verhalten. Wir können unseren Körper kaum so verändern, dass er eher einem Pferd als einem Raubtier ähnlich sieht, aber wir können uns pferdeähnlich verhalten!

So wird dein Pferd dein Freund

Es gibt eine gute Möglichkeit, das Pferd dazu zu bringen, das zu tun, was du willst. Durch das Pferdeflüstern versteht dein Pferd leichter, was du von ihm willst, und wird keine Angst vor dir haben. So wird das Pferd dir leichter vertrauen und dein Freund werden.

Pferdeflüstern heißt, dass du die Signale und Sprache der Pferde benutzt, um deinem Pferd klarzumachen, was du von ihm willst. Du benutzt also Verhaltensweisen, die dein Pferd schon kennt, die ihm aus der Herde vertraut sind oder die ihm sogar von Natur aus angeboren sind. Du verhältst dich so, wie ein anderes Pferd es tun würde: Du bist **bestimmt, aber freundlich** – so, wie ein gutes Leittier es macht.

Das brauchst du

Mit Pferden sprechen kann man grundsätzlich überall. Es ist aber einfacher, wenn das in einem begrenzten Raum geschieht. Wir verwenden meist einen *Round Pen*, das ist ein eingezäunter Zirkel. Man kann auch einen Reitplatz mit Bändern begrenzen. Dein Pferd kann, muss aber kein Halfter tragen. Schöner ist es ohne.

Ein etwa *drei Meter langes Seil* hilft dir, dein Pferd zu steuern oder gegebenenfalls auf Abstand zu halten. Dein Pferd bewegt sich frei in dieser Arena. Ziel ist, dass du es mit kleinsten Signalen deines Körpers lenken, anhalten, langsam oder schneller gehen lassen oder wenden kannst. Du kontrollierst die Bewegungen deines Pferdes also aus der Distanz und ohne es zu berühren.

Liebevolles Streicheln stärkt das Vertrauen, aber ein guter Chef bestimmt, wann das geschieht!

Im sogenannten Chefbüro, in der Mitte des Platzes, steht der Chef, also der Mensch. Das Pferd darf diesen Bereich nur betreten, wenn du es dazu aufforderst. Sonst soll es sich außen am Zaun, auf dem Hufschlag bewegen. Wenn du mit deinem Pferd zusammen im Round Pen bist, solltest du immer wissen, wo sich dein Pferd befindet.

Gibst du deinem Pferd gerade eine Aufgabe, schaust du es konzentriert an. Wenn es vorwärts gehen soll, konzentriert sich dein Blick auf das Hinterteil des Pferdes, wenn du es anhalten oder bremsen willst, eher auf Hals und Kopf. Belohnst du es gerade, drehst du deinen Bauchnabel leicht vom Pferd weg und wendest den direkten Blick vom Pferd ab. Du solltest aber trotzdem dein Pferd aus dem Augenwinkel beobachten.

Blick und Arm in Richtung Hinterteil wirken treibend.

Blick und Arm in Richtung Schulter wirken steuernd.

Blick und Arm in Richtung Kopf wirken bremsend.

Um dein Pferd zu bewegen, musst du lernen, die dafür nötige Kraft oder Energie aufzuwenden. Du beginnst immer mit ganz wenig und steigerst dann stetig den Druck, so lange, bis dein Pferd wie gewünscht reagiert. Dann hörst du sofort damit auf.

MARKUS TIPP

Du solltest am Anfang dein Gespräch mit dem Pferd immer unter Anleitung führen. Ein guter Lehrer wird dich Schritt für Schritt anleiten und kann dir helfen, „Sprachfehler" schneller zu entdecken. So kann man gefährliche Situationen vermeiden. Dennoch gilt: wenn du dich aus irgendeinem Grund unwohl fühlst, dann sage das deinem Lehrer! Versuche nicht, etwas durchzuboxen, wenn du Angst hast oder es nicht verstanden hast! Frage deinen Lehrer, er ist genau dafür da!

Denke, atme ein und schau hin.

Schnalze und zeige mit der Hand.

Schwenke das Seil, wirf das Seil.

Das **Ziel** ist, eine immer feinere Verbindung zwischen dir und dem Pferd herzustellen. Es fühlt sich an wie ein unsichtbarer, hauchdünner Faden, an dem du dein Pferd ziehst und führst, ohne Kraft und mit tänzerischer Leichtigkeit.

Pferdesprache
– so geht's los

Pferde leben dort, wo sie viel Platz haben, zum Beispiel in der Prärie oder bei uns auf großen Weiden. Je mehr Mitglieder eine Herde hat, umso mehr Platz brauchen sie. Durch kleine *Spiele* legen sie die Spielregeln für das Zusammenleben in einem bestimmten Raum fest. Wer darf wo stehen, wer sich wie nahe an das Leittier heranbewegen und in welchem Winkel? Alles hat eine Bedeutung und dient wiederum dazu, klarzumachen, welches Pferd welchen Rang in der Herde einnehmen darf.

Räume bestimmen

Während du dich in der Gegenwart des Pferdes aufhältst oder dich spielerisch beschäftigst, kannst du aus dem Augenwinkel beobachten, wie dein Pferd darauf reagiert. Erschreckt es sich, läuft es weg, bleibt es stehen, dreht es dir das Hinterteil zu oder kommt es sogar zu dir? Alles ist richtig, dein Pferd hat ja die Wahl, frei zu entscheiden, da du es nicht festhältst und ihm keine Aufgabe stellst! Es ist ein erster *Kontakt*.

So kannst du dem Pferd zeigen, dass du den ganzen Raum für dich haben möchtest, dass du am meisten zu sagen hast oder dich wie ein Alphatier benimmst.

Das ist mein ganz persönlicher Bereich. Wer diesen ohne zu fragen betritt, ist sehr respektlos!

Ich bestimme, wie nahe du mir kommen darfst!

Vorwärtsschicken

Dein erster Auftrag für dein Pferd ist: Es soll sich bewegen. Für ein typisches Lauftier wie das Pferd ist das eine Kleinigkeit. Es ist aber eine sehr bedeutungsvolle Aufgabe, obwohl sie leicht erscheint. **Wer bewegt wen** ist eine Regel in der Pferdeherde, die klarmachen kann, welches Pferd den höheren Rang einnimmt. Das kann man sich wie bei einem Boxkampf oder beim Fechten vorstellen. Derjenige der Kämpfer, der als Erster den andern vom Fleck bewegen kann, macht meist auch den nächsten Punkt und ist der Überlegene. Wenn es dir also gelingt, dein Pferd zu bewegen, ist das ein Grund für das Pferd, dich immer mehr als Chef anzuerkennen. Du sammelst dadurch sozusagen Punkte auf deiner Liste. Derjenige mit den meisten Punkten ist der Chef.

Du befindest dich leicht schräg hinter dem Pferd und treibst es aus dieser Position an: Das Pferd wird den Bereich nach vorn offen sehen und sich daher auch vorwärts bewegen.

Du schiebst das Pferd mit deinen Augen an: Du guckst mit scharfem Blick auf das Hinterteil deines Pferdes, als wolltest du es damit vorwärtsschieben. Das Pferd kann diese Energie spüren und wird sich davon wegbewegen.

So kannst du dein Signal verstärken.

So kannst du noch mehr Gas geben.

Wenn du ganz viel Kraft brauchst, kannst du das Seil auch wie einen Propeller kräftig schwingen.

ANDREAS TIPP

Spiel mit deinen Freunden Pferd: Einer nähert sich dir langsam und du bestimmst, wie nah er dir kommen darf. Achte darauf, in welchem Moment du dich gut fühlst und wann dir dein Raum vielleicht zu eng wird. Markiere die Stelle auf dem Boden. Wie viel Platz brauchst du für dich allein und wie nah dürfen Freunde oder deine Familie kommen? Was beobachtest du bei Menschen, die du nicht gut kennst?

Tempo und Stopp

In jeder Geschwindigkeit solltest du **Kontrolle** über dein Pferd haben. Übe in allen Gangarten. Dein Pferd sollte leicht und locker beschleunigen, das gewählte Tempo flüssig beibehalten, jederzeit auf dein Kommando die Gangart wechseln und sich anhalten lassen.

Ob im Schritt ...

ob im Trab ...

oder im flotten Galopp. Wenn du das Tempo deines Pferdes kontrollieren kannst, wirst du dich schnell sicher fühlen und kannst unbeschwert Spaß mit deinem vierbeinigen Freund haben!

Anhalten

Du hast schon gelernt, dass Pferde Lauftiere sind. Schneller werden ist für sie kein Problem. Bevor du aber nach viel Tempo fragst, solltest du sicherheitshalber die *Bremsen checken*. Stellst du fest, dass dein Pferd sich jederzeit mühelos auf Distanz anhalten lässt, hast du schon gute Kontrolle über seine Beine. Merkst du aber, dass dein Pferd nur schwer zum Stehen zu bringen ist, obwohl alle deine Signale korrekt waren, heißt das: *Bitte bremsen üben*. Es kann sein, dass dein Pferd nämlich auch schlecht anhält oder unkontrollierbar ist, wenn du es reitest. Das ist sehr gefährlich.

MARKUS TIPP

Bleib unbedingt *in der Mitte* des Platzes, wenn du bremsen oder dein Pferd anhalten möchtest! Wenn du nach außen zum Zaun hin gehst, kommst du dem Pferd zu nahe, es könnte dich aus Versehen umrennen und dich verletzen!

So musst du zum Pferd stehen, wenn es langsamer werden oder ganz anhalten soll. Du stehst weit vor dem Pferd und versperrst ihm den Weg.
Wenn du ausatmest, entspannt sich dein Körper. Die Pferde sind so feinfühlig, dass sie das sehen können, und machen es dir nach, sie werden dadurch langsamer. Durch die deutliche Armbewegung verstärkst du deine Bremse: Es wirkt wie eine Stoppflagge.

Wenn dein Pferd nicht auf die feineren Signale zum Halten reagiert, kannst du das Seil auch energisch werfen.

Bestätigung und Richtungswechsel

Das Wort in der **Pferdesprache** für „gut gemacht" oder „*Ja*" geht so: Du nimmst in dem Augenblick, wo das Pferd dein Kommando korrekt befolgt, sofort alle deine Energie und deine Aufmerksamkeit von ihm weg. Für einen kleinen Moment beachtest du es scheinbar nicht und lässt ihm damit Raum zum Atmen – genau das tun Pferde untereinander, wenn sie „Ja, das war richtig" sagen wollen!

Du lässt dein Pferd einen kleinen Moment in Ruhe, indem du ihm den Rücken zudrehst und vielleicht sogar einen kleinen Schritt von ihm weggehst. Es wird schnell merken, dass es sich lohnt, deine Wünsche zu erfüllen. Jedes Mal, wenn es das tut, bekommt es eine solche Mini-Pause. Diese Pausen sind sehr wichtig, weil das Pferd so das soeben Gelernte verarbeiten kann.

„**Nein**, das war nicht ganz, was ich wollte" funktioniert so: Du bleibst mit deiner Aufmerksamkeit, deinen Augen und deinem Körper dem Pferd zugewandt, das heißt, der Druck bleibt bestehen. Widersetzt sich das Pferd, kannst du deine Energie erhöhen, deine Kommandos verstärken. Kaum siehst du wieder einen kleinen Versuch des Pferdes, deine Signale anzunehmen, nimmst du den Druck weg. Du bestätigst dadurch wieder mit einem „Ja".

Richtungswechsel

Wenn du in der Lage bist, dein Pferd mit möglichst feinen Signalen in jedem Tempo zu kontrollieren, dann wird es auch Zeit, dass du besser steuern lernst. Du bestimmst, in welche Richtung sich die Beine des Pferdes bewegen sollen.
Bedingung für Richtungswechsel ist aber, dass du die Geschwindigkeit, in der sich dein Pferd bewegt, leicht verändern kannst. Hast du die „PS" nicht unter Kontrolle, kannst du das Steuerrad schon gar nicht mehr im Griff haben.

ANDREAS TIPP

Mache alle diese Übungen einmal ohne Seil. Geht dein Pferd immer noch gut vorwärts oder bist du ohne Seil kraftlos? Und wie steht es mit dem Lenken? Probiere einmal, ob dein Pferd galoppiert, wenn du richtig stark einatmest …

Wechsel nach außen

Als Erstes wechselst du das Seil in die andere Hand. Wenn dein Pferd sich dann zur andern Seite gewandt hat, bist du schon bereit, um es wieder anzutreiben. Du stehst leicht vor dem Pferd. So bringst du es zum Nachdenken, was es nun tun soll.

Um dein Pferd umzudrehen, schiebst du es mit drückenden Armbewegungen auf seine Backe zum Zaun hin. Seine Beine sollen sich während der ganzen Wendung weiter bewegen.

So wird es sich in einem Bogen locker zur andern Seite drehen und auf der neuen Seite gleich weiterlaufen.

Wechsel nach innen

Zuerst wechselst du das Seil in die andere Hand. Du gehst zügig parallel mit dem Pferd. Dann schreitest du schneller voran, bis es deinen Rücken sehen kann. Sobald es einen Schritt nach innen macht, drehst du dich ihm zu.

Du machst eine sanft schiebende Handbewegung auf die äußere Backenseite des Pferdes und zeigst ihm damit, dass es den Weg zum Zaun zurück einschlagen soll.

Geschafft! Dein Pferd hat nach innen gewendet und geht in die neue Richtung. Anders als bei der Außenwendung entscheidet das Pferd selbst, ob es die Einladung annehmen möchte.

Folge mir!

Dein Pferd hat sich entschieden, dass es gern nach innen zu dir hin die Richtung wechselt, wenn du danach fragst. Nun kannst du das Pferd auch einmal einladen, zu dir in die Mitte des Platzes zu kommen.

Erinnere dich: Ein guter Chef bestimmt, wann das Pferd nahe herankommen darf. Lade dein Pferd zu dir ein, streichle es kurz, und du kannst damit das unsichtbare **Freundschaftsband** zwischen euch noch stärker knüpfen.

Wenn du möchtest, dass dein Pferd zu dir kommt, kannst du es einladen, dir hinterherzulaufen. Dazu drehst du dich mit dem Rücken zum Pferd, machst einen kleinen Schritt und bleibst dann abwartend stehen.

Dein Pferd sieht deine Rückenseite und weiß, dass dies in der Pferdesprache bedeutet: Folge mir nach! Nun wird es selber die Entscheidung treffen, ob es zu dir herkommen möchte.

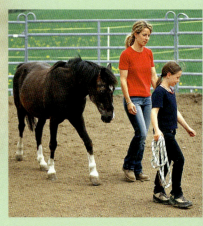

Das Pferd hat sich dir als Chef ganz angeschlossen.

Was tust du, wenn …

Dein Pferd sollte ganz außen am Zaun gehen. Kommt es nach innen, drückst du mit deinem Blick und deiner Hand auf seine Schulter, damit es wieder nach außen geht.

Du verlässt dein Chefbüro in der Mitte und gehst nahe zum Pferd hin. Das geschieht oft ganz von selber, weil man unbedingt etwas vom Pferd will. Wenn dein Pferd aber vielleicht gerade jetzt ausschlägt, kann das gefährlich sein. Am besten übst du, dein Pferd gut von der Mitte aus zu steuern. Eine Markierung auf dem Boden kann dir helfen.

Das ist zu nah!

Da Pferde Fluchttiere sind, kann es passieren, dass sie vor einer bestimmten Übung davonlaufen. Meist dann, wenn ihnen etwas nicht passt. Es kann aber auch sein, dass es sich erschreckt hat und deshalb zu schnell läuft. Du kannst nun versuchen, das Pferd nach außen hin zu wenden. Pass aber auf, dass du weit weg vom Pferd stehst! Es könnte dich sonst überrennen!

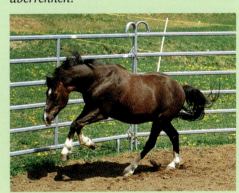

Das Pferd möchte lieber eine Innenwendung, eine Wendung zu dir hin, machen statt eine Außenwendung. Sofort wenn du dies merkst, unterbrichst du die Bewegung und stoppst das Pferd. Hat sich das Pferd schon vollends nach innen gedreht, machst du so schnell wie möglich eine Außenwendung und lässt es wieder in der vorherigen Richtung laufen.

Daran solltest du denken …

Es macht meist unheimlich Spaß, mit dem Pferd so frei zu arbeiten. Pferde können sich aber auch sehr leicht erschrecken und herumrennen. Behalte daher dein Pferd immer *im Auge*, auch wenn du dich zum Belohnen abgewendet hast. Du kannst einfach etwas über deine Schulter zum Pferd hin „linsen", ohne es dabei anzustarren. Lass dir aber immer von einem erfahrenen Lehrer dabei **helfen**. Er kann gefährliche Situationen nach Möglichkeit verhindern. Hat eine Übung nicht geklappt, mache höchstens fünf Wiederholungen. Machst du mehr Wiederholungen ohne Erfolg, sinkt dein Status als Chef.

MARKUS TIPP

Übe das Seilwerfen ohne Pferd! Versuche, eine Getränkeflasche aus Plastik mit einem gezielten Seilwurf zu treffen.

Pferdesprache jeden Tag

Wenn du diese Übungen mit deinem Pferd immer sicherer beherrschst, wirst du feststellen, dass ihr euch immer leichter und schneller versteht. Dein Pferd wird viel *besser* und *aufmerksamer* darauf achten, was du von ihm verlangst, und auch immer *feiner* reagieren.

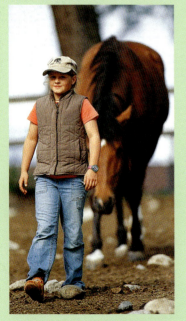

Du hast aber nicht nur geübt, damit es im Round Pen toll aussieht, sondern du wirst merken, dass dieser feine, *unsichtbare Kontakt* sich auch auf deinen ganz normalen Alltag mit dem Pferd ausweitet.

Plötzlich kannst du dein Pferd auf der Weide *leichter abholen*, indem du einmal scharf guckst und dich dann abwendest, dem Pferd dabei anbietest, dir zu folgen – es wird nicht lange dauern und es wird dir sogar entgegenkommen!

Beim Putzen drückst du leicht auf sein Hinterteil – und es wird brav zur Seite gehen, damit du gut Platz zum Bürsten hast. Alles wird feiner und leichter, ohne die kleinen Machtkämpfe. Dein Pferd wird sich *wohler fühlen*, weil es deine Signale besser versteht und vielleicht auch rascher reagieren kann.

Du wirst merken, wie viel *Spaß* es macht, mit deinem Pferd zu spielen, je stärker der unsichtbare Faden dieser Partnerschaft zwischen dir und deinem Pferd wird! Wenn du es einmal entdeckt hast, kannst du davon nie genug bekommen!

Wichtige Tipps …

Bewege dich nicht direkt von hinten auf dein Pferd zu, wenn du dich ihm näherst. Es könnte sich erschrecken und ausschlagen. Besser ist es seitlich vorne hinzugehen, damit es dich sehen kann. Du kannst dich auch mit deiner Stimme bemerkbar machen.
Erlaube deinem Pferd nicht, sich dir ohne zu fragen zu nähern. Wenn es dir zu nahe kommt, kann es dir auf die Füße treten, drängeln oder auch mal zwicken und sogar beißen.
Wenn du deinem Pferd zur Belohnung Futter geben möchtest, dann mache das am besten nach getaner Arbeit, bevor du das Pferd wieder zu seinen Kameraden bringst.
Geh nie mit Leckerlis auf eine Weide oder in einen Auslauf, wo sich mehrere Pferde aufhalten: Sie werden alle auf einmal herkommen und könnten dich dabei versehentlich umrennen.
Hat dein Pferd sich erschreckt, atme aus, sprich mit ihm mit ruhiger und freundlicher Stimme, streichle es und bewege dich ruhig und locker, bis es sich wieder entspannt. Es kann deine Ruhe spüren, das flößt ihm Vertrauen ein.
Es gibt Pferde, die nie gelernt haben, den Menschen zu respektieren. Solche Pferde können gefährlich werden! Sie gehören in die Hand eines guten Pferdetrainers!

ANDREAS TIPP
Was tun Pferde, wenn sie sich belohnen, und was ist für uns Menschen typisch? Was sagen oder tun deine Eltern oder deine Lehrer, wenn du etwas gut gemacht hast? Was sagt eine Pferdemutter ihrem Fohlen?

Das liegt uns am Herzen

Denke daran, dass Pferde lebendige Wesen sind mit Gefühlen und Bedürfnissen. Sie sind von der Natur aus so gemacht, dass alles, was sie tun und wie sie sich verhalten, ihrem Überleben dient. Pferde tun also nichts ohne Grund. Die Kunst ist, herauszufinden, warum sie es tun.

Pferde sind ganz anders als wir Menschen. Oft sehen sie Dinge als Bedrohung an oder reagieren auf für uns harmlose Geräusche in aus menschlicher Sicht unverständlicher Weise. Genau da liegt das Problem: Wir benutzen unsere Menschenaugen, um das Verhalten der Pferde zu verstehen. Wenn wir unsere Umgebung durch die Augen der Pferde betrachten lernen, dann haben wir die Grundlage für echtes Pferdeverständnis gelegt.

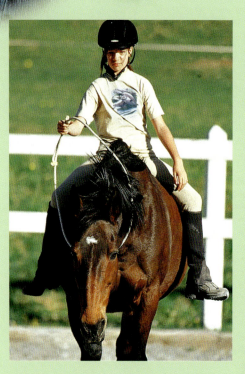

Gewalt ist nie eine Lösung, um uns ein Pferd gefügig zu machen. Angst, Schmerz und Stress blockieren das Lernen. Ruhe, Bestimmtheit und Freundlichkeit bringen das Lebewesen Pferd viel eher dazu, auch neue, ihm unbekannte Dinge zu lernen und sogar gern zu tun.

Jeden Tag kann man neue Dinge in der Welt der Pferde entdecken. Wenn wir bereit sind, Pferde immer wieder als großartige und unendlich geduldige Lehrer anzunehmen, dann werden sie uns jeden Tag helfen, sie besser zu verstehen. Damit werden sie unsere Freunde.

Kein Pferd sollte verkauft oder zum Schlachter gebracht werden, nur weil ein bestimmter Mensch nicht mit ihm umgehen kann! Grundsätzlich kann man jedes Pferd trainieren, wenn man das nötige Wissen und die Geduld dazu hat.

Auf Wiedersehen!

Wir hoffen, dass dir unser kleiner Pferdesprachekurs Spaß gemacht hat. Damit bist du nun bestens gerüstet, ein richtiger Pferdeflüsterer zu werden! Ein kleines Geheimnis möchten wir dir zum Schluss noch verraten: Je besser du mit deinem Pferd am Boden klarkommst, umso leichter wird es dann beim Reiten klappen! Die Übungen im Round Pen bereiten dich und dein Pferd also direkt aufs Reiten vor! Wir wünschen dir weiterhin viel Freude und Begeisterung für die schönsten Tiere der Welt: die Pferde!

Deine Andrea und Dein Markus

Wir danken allen, die bei den Fotos mitgemacht haben, und dem Hof „San Jon" in Graubünden, Schweiz.

Das Bild auf Seite 1 zeigt Anita mit Conny.

Schwortregister

A
Abstand 4
Anhalten 21
Aufhalftern 15
Augen 10, 14

B
Belohnen 27
Bestätigen 22
Bremsen 17, 21

C
Chefbüro 17

E
Energie 17
Erschrecken 27

F
Fehler 25
Fell 10
Fellkraulen 7
Flehmen 11
Fluchttier 6, 9
Fohlen 7
Folgen 24
Freundschaft 9
Füttern 27

G
Gähnen 12
Galopp 20
Gefahr 9
Gefühle 13
Gehorsam 8
Grasen 7

H
Hände 14
Haut 10
Herde 6
Hören 10

K
Kontakt 18
Kontrolle 20
Körpersprache 4, 12

L
Leitstute 8
Lenken 17

M
Maul 11
Mimik 13

N
Nüstern 11

O
Ohren 10, 14

P
Pause 7
Persönlicher Bereich 18
Pferdeherde 6, 7, 8
Pferdesprache 4
Pferdeverständnis 28
Putzen 26

R
Rangordnung 8, 9
Raubtiere 14
Räume bestimmen 18
Respekt 8
Richtungswechsel 23, 25
Riechen 10
Round Pen 16

S
Satteln 27
Scheuen 27
Schlafen 7
Schmecken 10
Schnauben 13
Schritt 20
Sehen 10
Seil 16
Sinne 10
Spielen 7
Stopp 21
Streicheln 16, 24

T
Tasthaare 11
Trab 20
Treiben 17

V
Vorwärtsschicken 17, 19

W
Wasserstelle 8
Wechsel 23, 25
Weide 6, 8, 26
Wiehern 13

Z
Zaumzeug 15
Zunge 11

Du kannst uns jederzeit auf unserer Webseite besuchen:
www.pferdefluestern-fuer-kinder.com
Es ist wichtig, dass du alles verstanden hast. Wenn du Fragen hast, kannst du uns gern schreiben – wir freuen uns!
andrea@andreaeschbach.com, markus@markuseschbach.com

Impressum

Juniors Bildarchiv, Ruhpolding: S. 15 u

Christiane Slawik, Würzburg: S. 3

Alle anderen Fotos sind von Horst Streitferdt, Stuttgart.

Umschlaggestaltung von Atelier Reichert, Stuttgart, unter Verwendung von zwei Fotografien von Horst Streitferdt, Stuttgart (Vorderseite) und Christiane Slawik, Würzburg (Rückseite).

Haftungsausschluss: Alle Angaben und Methoden in diesem Buch sind sorgfältig erwogen und geprüft. Sorgfalt bei der Umsetzung ist jedoch geboten. Der Verlag und die Autoren übernehmen keinerlei Haftung für Personen-, Sach- oder Vermögensschäden, die im Zusammenhang mit der Anwendung und Umsetzung entstehen könnten.

Unser gesamtes lieferbares Programm und viele weitere Informationen zu unseren Büchern, Spielen, Experimentierkästen, DVDs, Autoren und Aktivitäten finden Sie unter **www.kosmos.de**.

Gedruckt auf chlorfrei gebleichtem Papier

2008 © Franckh-Kosmos Verlags-GmbH & Co. KG, Stuttgart
Alle Rechte vorbehalten
ISBN 978-3-440-11013-3

Redaktion: Gudrun Braun, Hamburg
Layout und Bildbearbeitung: Walter Typografie & Grafik GmbH, Würzburg
Produktion: Angela List
Printed in The Czech Republic/Imprimé en République tchèque

KOSMOS.
Wundervolle Welt der Pferde.

Bibi Degn | Mein Pferd, mein Freund
32 Seiten, 69 Abbildungen, €/D 12,95
ISBN 978-3-440-12060-6

Judith Kern | Endlich im Sattel
48 Seiten, 100 Abbildungen, €/D 9,95
ISBN 978-3-440-12548-9

Mensch und Pferd in Harmonie

Begleite Maike auf ihrem Weg zu einer wunderbaren Freundschaft mit dem Araberwallach Joram. Und lerne zusammen mit ihr, wie man ein Pferd begrüßt und führt, was TTouch ist, wie man ein Pferd aufhalftert, reitet und putzt. In kurzen Texten und mit tollen Fotos erklärt die Autorin Bibi Degn, worauf es beim freundschaftlichen Umgang mit dem Pferd ankommt.

Für die erste Reitstunde

Welche Ausrüstung brauchst du? Wie lernst du dein Pferd zu verstehen? Wie wird das Pferd richtig versorgt? Schritt für Schritt zeigt die Autorin Judith Kern, was du wissen solltest, damit der Start ins Reiterleben gelingt: Vom ersten Mal auf dem Pferderücken über erstes Traben, ersten Galopp bis hin zu Tipps für den ersten Ausritt. Kurze Texte und tolle Fotos laden dich ein, in die wundervolle Welt des Reitens einzutauchen.

www.kosmos.de/pferde